中华人民共和国行业推荐性标准

公路限速标志设计规范

Design Specifications for Highway Speed Limit Signs

JTG/T 3381-02—2020

主编单位：交通运输部公路科学研究院
批准部门：中华人民共和国交通运输部
实施日期：2020 年 11 月 01 日

人民交通出版社股份有限公司
北 京

律 师 声 明

本书所有文字、数据、图像、版式设计、插图等均受中华人民共和国宪法和著作权法保护。未经人民交通出版社股份有限公司同意，任何单位、组织、个人不得以任何方式对本作品进行全部或局部的复制、转载、出版或变相出版。

本书扉页前加印有人民交通出版社股份有限公司专用防伪纸。任何侵犯本书权益的行为，人民交通出版社股份有限公司将依法追究其法律责任。

有奖举报电话：(010) 85285150

北京市星河律师事务所
2020 年 6 月 30 日

图书在版编目（CIP）数据

公路限速标志设计规范：JTG/T 3381-02—2020 / 交通运输部公路科学研究院主编. — 北京：人民交通出版社股份有限公司，2020.7
ISBN 978-7-114-16696-9

Ⅰ. ①公… Ⅱ. ①交… Ⅲ. ①公路标志—设计规范—中国 Ⅳ. ①U491.5-65

中国版本图书馆 CIP 数据核字（2020）第 115878 号

标准类型：中华人民共和国行业推荐性标准
标准名称：公路限速标志设计规范
标准编号：JTG/T 3381-02—2020
主编单位：交通运输部公路科学研究院
责任编辑：丁 遥
责任校对：孙国靖 龙 雪
责任印制：刘高彤
出版发行：人民交通出版社股份有限公司
地　　址：(100011) 北京市朝阳区安定门外外馆斜街 3 号
网　　址：http://www.ccpcl.com.cn
销售电话：(010)59757973
总 经 销：人民交通出版社股份有限公司发行部
经　　销：各地新华书店
印　　刷：北京市密东印刷有限公司
开　　本：880×1230　1/16
印　　张：4
字　　数：97 千
版　　次：2020 年 7 月　第 1 版
印　　次：2020 年 9 月　第 2 次印刷
书　　号：ISBN 978-7-114-16696-9
定　　价：40.00 元

（有印刷、装订质量问题的图书，由本公司负责调换）

中华人民共和国交通运输部

公　告

第 46 号

交通运输部关于发布
《公路限速标志设计规范》的公告

现发布《公路限速标志设计规范》（JTG/T 3381-02—2020），作为公路工程行业推荐性标准，自 2020 年 11 月 1 日起施行。

《公路限速标志设计规范》（JTG/T 3381-02—2020）的管理权和解释权归交通运输部，日常管理和解释工作由主编单位交通运输部公路科学研究院负责。

请各有关单位注意在实践中总结经验，及时将发现的问题和修改建议函告交通运输部公路科学研究院（地址：北京海淀区西土城路 8 号，邮编：100088），以便修订时研用。

特此公告。

中华人民共和国交通运输部
2020 年 6 月 28 日

交通运输部办公厅　　　　　　　　　　　　　　　　2020 年 6 月 29 日印发

前　言

根据交通运输部办公厅《关于下达 2008 年度公路工程标准制修订项目计划的通知》（厅公路字〔2008〕147 号）的要求，由交通运输部公路科学研究院承担《公路限速标志设计规范》（JTG/T 3381-02—2020）的制定工作。

本规范编制工作遵照现行《中华人民共和国公路法》《中华人民共和国道路交通安全法》《道路交通标志和标线》（GB 5768）和《公路工程技术标准》（JTG B01）等法律法规和标准规范，在深入调查和专项研究的基础上，总结我国在公路限速标志设计方面取得的科研成果应用和实践经验，并在全国范围内广泛征求了交通运输行业主管部门、公路建设和运营管理单位、公路设计和科研单位的意见，同时在论证方法制定和规范各阶段审查过程中邀请公安交通管理部门有关专家参与，经反复讨论、修改，最后经审查定稿。

本规范坚持从公路使用者的角度出发，科学兼顾交通安全与运行效率关系的原则，规定了公路限速标志设计的原则、限速值的确定方法、限速标志及相关设施设置要求等主要技术内容。

本规范由总则、术语、基本规定、资料收集与现场调查、交通工程论证及方案设计、限速标志及相关设施设计、实施效果评价等 7 章，以及 3 个附录组成。

本规范由刘会学、潘向阳、杨峰负责起草第 1 章，赵妮娜、吴京梅负责起草第 2 章，刘光东、赵妮娜、吴京梅负责起草第 3 章，刘兴旺、宋玉才负责起草第 4 章，刘会学、刘光东、赵妮娜、刘兴旺、刘洪启、张铁军、万娇娜负责起草第 5 章，赵妮娜、赵源、宋玉才负责起草第 6 章，潘向阳、杨峰负责起草第 7 章，刘洪启、杨峰、张铁军、万娇娜负责起草附录 A～附录 C。

请各有关单位在执行过程中，将发现的问题和意见，函告本规范日常管理组，联系人：刘会学（地址：北京市海淀区西土城路 8 号，交通运输部公路科学研究院，邮编：100088；电话：010-82097599；传真：010-82059974；电子邮箱：hx.liu@rioh.cn），以便下次修订时参考。

主 编 单 位：交通运输部公路科学研究院
参 编 单 位：北京交科公路勘察设计研究院
　　　　　　　福建省高速公路集团有限公司
　　　　　　　北京中交华安科技有限公司
　　　　　　　贵州省交通规划勘察设计研究院股份有限公司

主　　　　编：刘会学

主要参编人员：赵妮娜　潘向阳　杨　峰　刘光东　刘兴旺　刘洪启
　　　　　　　张铁军　吴京梅　宋玉才　万娇娜　赵　源

参与审查人员：李海鹰　陈永耀　李关寿　周玉波　杨大永　黄　晨
　　　　　　　王建强　其米多吉　王婷宇　胡彦杰　陈长海　朴忠源
　　　　　　　陈少平　李　强　夏方庆　刘　涛　孙芙灵　王宏元
　　　　　　　李　民　刘　硕

参 加 人 员：钟连德　陈　帅　米晓艺　文　涛　安毓铖　吴倨伟

目　　次

1 总则 ··· 1
2 术语 ··· 3
3 基本规定 ·· 5
4 资料收集与现场调查 ··· 7
　4.1 一般规定 ·· 7
　4.2 新建和改扩建公路的资料收集与现场调查 ····································· 7
　4.3 在役公路的资料收集与现场调查 ··· 8
5 交通工程论证及方案设计 ··· 10
　5.1 一般规定 ·· 10
　5.2 限速路段划分 ·· 10
　5.3 论证方法选取 ·· 11
　5.4 综合评价论证法 ··· 12
　5.5 风险因素论证法 ··· 21
　5.6 运行速度论证法 ··· 24
　5.7 限速路段和限速值调整 ·· 26
　5.8 限速方式选择 ·· 28
　5.9 方案设计 ·· 29
6 限速标志及相关设施设计 ··· 30
　6.1 一般规定 ·· 30
　6.2 版面设计 ·· 30
　6.3 限速标志设置 ·· 31
　6.4 可变限速标志设置 ·· 32
　6.5 建议速度标志设置 ·· 33
　6.6 相关设施设置 ·· 34
7 实施效果评价 ·· 36
附录 A 风险因素论证法风险系数取值 ··· 38
附录 B 限速标志版面示例 ··· 49
附录 C 平面交叉限速标志设置示例 ·· 53
本规范用词用语说明 ·· 55

1 总则

1.0.1 为规范公路限速标志的设计，合理控制公路车辆行驶速度，制定本规范。

条文说明

　　公路限速标志是规范驾驶人驾驶行为，保障公路交通安全的重要设施，也是执法部门执法的主要依据。科学设置、合理规范公路限速标志，关系到广大公路使用者切身利益，直接影响公路交通安全与运行效率。

1.0.2 本规范适用于新建和改扩建公路限速标志设计，以及在役公路限速标志设计或调整优化。

条文说明

　　为充分满足公路使用者的需求，保障公路运营的安全和畅通，新建公路要按照本规范的规定考虑未来运营条件进行限速标志设计；改扩建公路要结合改善后的公路、交通、环境等条件重新进行限速标志设计。新建和改扩建公路可以在项目可行性研究、初步设计和施工图设计阶段，对限速值的选取进行论证，提出限速标志设计方案，据此对有关技术指标或工程保障措施进行适当调整。

　　在役公路，由于线形指标调整余地很小，采取工程改造措施代价较大，需要对现有限速标志的使用情况进行定期或非定期调查、评价，对不能满足运营需求的限速标志要根据本规范的规定，逐步进行调整优化。

1.0.3 公路限速标志设计应从公路使用者的角度出发，兼顾交通安全与运行效率。

条文说明

　　公路限速标志设计中，限速值的确定需要平衡交通安全和运行效率之间的关系。通过限速标志的合理设计，可以减小车辆之间行驶速度的离散性，降低交通事故发生的可能性，实现交通流平稳有序运行，提高交通流运行效率。

1.0.4 公路限速标志设计应综合考虑公路项目的功能定位、技术指标、运行特征、路侧干扰、沿线环境和社会需求等因素。

条文说明

本条根据《公路工程技术标准》（JTG B01—2014）第3.5.3条和《道路交通标志和标线 第5部分：限制速度》（GB 5768.5—2017）第5.1条的规定，提出公路限速标志设计应考虑的因素，主要包括：

（1）功能定位：决定了公路的连接对象、服务距离和容量水平，公路限速标志设计要与其保持一致。

（2）技术指标：根据公路技术等级确定的设计标准，如设计速度；平纵线形；横断面布置；车道数和宽度；视距；桥梁、隧道、路线交叉的设计指标及相互间距；平面交叉视距和交通控制方式等。

（3）运行特征：主要包括交通量与交通组成（含非机动车和行人）；运行速度；交通事故分布、数量、严重程度及原因。

（4）路侧干扰：主要包括土地利用类型，如城区、郊区、居住区、商业区等；路侧开发程度，包括建筑物的类型、数量以及路侧非机动车与行人等。

（5）沿线环境：主要包括地形地貌，如平原微丘、山岭重丘、高路堤、傍山、悬崖等；地域特征，如野生动物穿行、高寒、高海拔等；沿线绿化和设施分布，如树木、照明和消防等公用设施、服务设施和管理设施等；交通气象条件，如存在影响公路局部路段行车安全的特殊天气条件等。

（6）社会需求：包括法律法规的规定、公路建设和运营管理等部门的需求、公众对限制速度的意见和建议等。

限速标志设计时，要综合考虑上述影响因素。

1.0.5 公路限速标志宜与其他交通安全设施、管理设施和土建工程改造等互相协调、配合使用。

1.0.6 公路限速标志设计除应符合本规范的规定外，尚应符合国家和行业现行有关标准的规定。

条文说明

与本规范相关的国家和行业现行标准主要包括：《道路交通标志和标线》（GB 5768）、《公路工程技术标准》（JTG B01）、《公路路线设计规范》（JTG D20）、《公路交通安全设施设计规范》（JTG D81）、《公路交通标志和标线设置规范》（JTG D82）、《公路养护安全作业规程》（JTG H30）等。

2 术语

2.0.1 限制速度 speed limit
对公路上行驶车辆规定的允许行驶速度的限值。

2.0.2 法定限速 statutory speed limit
对公路上行驶车辆，依据法律规定的允许行驶速度的限值。

2.0.3 标志限速 posted speed limit
对公路上行驶车辆，依据限速标志规定的允许行驶速度的限值。

2.0.4 限速标志 speed limit signs
向公路使用者传递限速值、用于管理车辆行驶速度的交通标志。

条文说明
限速标志按所传递的限速值信息可变与否，分为限速值固定的限速标志和限速值可变的限速标志两种。除特别指明外，本规范所称的"限速标志"一般是指限速值固定的限速标志，"可变限速标志"则特指限速值可变的限速标志。

2.0.5 交通工程论证 traffic engineering study and judgement
在交通工程理论和相关标准规范指导下，确定公路限速路段、限速值和限速方式的方法。

2.0.6 限速路段 speed limit section
为保障公路交通安全与运行效率，实施标志限速的公路路段，包括一般限速路段和特殊限速路段。

2.0.7 一般限速路段 general speed limit section
功能定位、技术指标、运行特征、路侧干扰、沿线环境和社会需求总体一致，大多数可以采用相同限速方式和限速值的路段。

2.0.8 基本限速值 basic speed limit
对公路一般限速路段上行驶车辆规定的允许行驶速度的限值。

2.0.9 特殊限速路段 specific speed limit section
一般限速路段内，受公路技术指标、运行特征、路侧干扰、沿线环境等条件的制约，需要设置低于基本限速值的局部受限路段。

2.0.10 特定限速值 specific speed limit
对公路特殊限速路段上行驶车辆规定的允许行驶速度的限值。

2.0.11 限速方式 mode of speed limit
限速标志传递限速值的方式，包括按空间方式、按时间方式和按组合方式等类型。

条文说明

限速方式包括按空间方式、按时间方式和按组合方式等类型。
（1）按空间方式。如：
①单一限速。对公路上不同类型车辆采用相同限速值，或在某一区域对所有车辆采用相同限速值的限速方式。
②分车型限速。对公路上主要车辆类型，分别规定不同限速值的限速方式。
③分车道限速。在多车道公路上，对同向各车道分别规定相应限速值的限速方式。
（2）按时间方式。如：
①分时段限速。针对不同时间段（如白天、夜间）采用不同限速值的限速方式。
②特殊天气限速。针对不同气象条件（如雾、雨、雪、风、沙尘、冰雹等）采用不同限速值的限速方式。
（3）按组合方式。如：
分车道与分车型组合限速。

2.0.12 设计速度 design speed
确定公路设计指标并使其相互协调的设计基准速度。

2.0.13 运行速度 operating speed
当交通处于自由流状态且天气良好时，驾驶人操作车辆的速度，可采用路段某断面或特征点上测定的第85%位速度。

2.0.14 建议速度 advisory speed
根据公路某一路段的技术指标、运行特征和沿线环境等条件，建议车辆的行驶速度。

3 基本规定

3.0.1 公路限速标志设计应包括限速路段划分、限速值论证、限速方式选择、限速标志及相关设施设计等内容。

3.0.2 公路限速标志设计流程应包括设计目标确定、资料收集与现场调查、交通工程论证及方案设计、限速标志及相关设施设计、实施效果评价等。公路限速标志设计流程如图3.0.2所示。

图3.0.2 公路限速标志设计流程

3.0.3 公路限速标志设计应结合项目特点，以保障交通安全、提高运行效率、发挥公路功能为设计目标，在役公路可结合限速标志的实施效果评价结果提出针对性设计目标。

条文说明

公路限速标志设计首先要确定设计目标，总体上要保障交通安全、提高运行效率、发挥公路功能。不同类型的项目，社会需求不同，关注点不同，目标也不尽相同。如：对于新建和改扩建公路限速标志设计，目的更多是在设计阶段即考虑未来运营需求，准确传递公路行驶速度信息，实现公路的自我说明和解释；而对于在役公路限速标志设计，目的则可能是减少与速度相关的事故数量、降低交通事故的严重程度，或者根据不同车型分别确定限速值。

3.0.4 公路限速标志设计应做好内业资料收集和外业现场调查工作。

3.0.5 公路限速标志设计在进行交通工程论证及方案设计时，应符合下列规定：
1 限速路段的划分应体现公路功能定位、技术指标、沿线环境和路侧干扰等条件的变化，特殊限速路段所占里程不得过长。
2 应根据公路的功能定位、运行特征、路侧干扰和沿线环境等因素合理选取论证方法。
3 限速值的确定应考虑前后限速路段的衔接，并应符合相关法律法规的规定。学校区域、作业区限速值的选取还应符合相关国家和行业标准的规定。
4 公路限速方式选择时，条件基本相同的路段宜采用相同的限速方式；特殊限速路段符合设置条件时，可设置可变限速标志或建议速度标志。
5 方案设计时，应以交通工程论证结果为依据，提出全线双向限速路段的分布、限速值和限速方式。

3.0.6 公路限速标志及相关设施设计应遵循主动引导优先、被动防护兼顾的原则。

3.0.7 公路限速标志及相关设施实施后，应对其实施效果进行评价，并及时调整优化。

4 资料收集与现场调查

4.1 一般规定

4.1.1 公路限速标志设计资料收集与现场调查的范围应涵盖项目全部里程，并应考虑与之衔接路网的限速情况。

4.1.2 所需收集的资料和现场调查内容除应符合本章规定外，还应满足相关论证方法的需求。

4.2 新建和改扩建公路的资料收集与现场调查

4.2.1 新建和改扩建公路限速标志设计宜收集下列资料：
  1 与限制速度相关的国家、行业和项目所在地的法律法规、技术标准或指南；
  2 功能定位与技术指标，包括与公路项目相关的规划和设计文件；
  3 运行特征，包括机动车、非机动车和行人的交通量和交通组成资料；
  4 路侧干扰，包括沿线土地利用类型、路侧开发程度等；
  5 沿线环境，主要包括沿线地形地貌、地域特征、沿线绿化和设施分布、交通气象条件等资料。

4.2.2 新建和改扩建公路限速标志设计宜根据需要现场调查下列资料：
  1 条件类似的相邻和周边公路限速标志设置及实施效果评价情况；
  2 社会需求，包括驾驶人、非机动车用户、公路沿线居民、公路建设和运营管理等部门对限制速度的意见和建议等。

4.2.3 改扩建公路宜收集与调查该公路改扩建前的交竣工验收资料和运行特征资料，含交通量与交通组成、运行速度、交通事故统计等资料。

条文说明

　　4.2.1～4.2.3　公路限速标志设计合理与否，取决于对相关关键因素的认识程度，而资料收集与现场调查是重要的基础工作，条文中列举出了内业资料收集和外业现场调查的主要内容。

对于改扩建公路，在设计阶段仍按照改扩建前的条件行驶，虽然改扩建可能改变设计速度和几何线形指标，但也有很多项目在改扩建前后设计速度未改变，几何线形指标、构造物分布和服务管理设施位置未进行大幅度调整，改扩建前的车辆运行速度和交通事故分布在一定程度上可以反映该项目的车辆运行特征和问题所在，有助于更加合理地设计限速标志，因此建议收集改扩建前的运行速度及交通事故统计等资料。

4.3 在役公路的资料收集与现场调查

4.3.1 在役公路限速标志设计宜收集下列资料：
1 与限制速度相关的国家、行业和项目所在地的法律法规、技术标准或指南；
2 功能定位与技术指标，包括公路工程交竣工验收资料；
3 运行特征，包括公路建成通车以来或近3年的交通量、交通组成和交通事故统计资料，其中交通事故统计资料含交通事故发生的时间、地点、天气状况、事故形态、事故原因、伤亡人数、事故车型等数据。

4.3.2 在役公路限速标志设计收集运行特征资料时，对未设置交通量观测站和无观测记录的公路，宜进行现场交通量和交通组成观测。

4.3.3 在役公路限速标志设计宜现场调查下列资料：
1 技术指标，包括沿线路线交叉设置、出入车辆和人员情况、互通式立体交叉、服务区、停车区匝道几何线形，除限速标志外的其他交通标志和标线、护栏设置情况等；
2 路侧干扰，包括沿线土地利用类型、路侧开发程度等；
3 沿线环境，主要包括沿线地形地貌、地域特征、沿线绿化和设施分布、交通气象条件等资料；
4 社会需求，包括驾驶人、非机动车用户、公路沿线居民、公路建设和运营管理等部门对现状限速标志设置的意见和建议等。

4.3.4 在役公路限速标志设计应按下列规定采集运行速度：
1 运行速度采集条件应满足表4.3.4-1的规定。

表4.3.4-1 运行速度采集条件

因　素	采　集　条　件
时间	周一至周五，早6时至晚6时
服务水平	自由流状态[a]
气象环境	天气良好、路面干燥

续表 4.3.4-1

因　素	采　集　条　件
机动车类型	所有类型机动车[b]
调查地点	驾驶人行驶过程中不会因为固定或临时的公路特征临时调整车速的地点
仪器位置	隐蔽，不易被驾驶人察觉

注：[a] 车头时距宜大于4s，且后车没有明显超前车的意图。
　　[b] 理论上包括所有车型，实际测量时应包含主要车型，抽样比例宜与实际交通组成比例一致。

2　运行速度调查地点应在限速路段内选取，体现车辆运行特征，调查地点断面代表的路段长度占限速路段总长度的比例不应少于10%。根据实际情况，调查地点也可按等间距选取。

3　运行速度调查地点可结合公路几何线形及结构物分布，按照下列要求选取：

1）平直路段选取路段中间点。高速公路、一级公路圆曲线半径大于1000m的平曲线段和二级公路、三级公路大于600m的平曲线段可按平直路段处理。

2）高速公路、一级公路圆曲线半径小于或等于1000m的平曲线段和二级公路、三级公路小于或等于600m的平曲线段，前后为平直路段时，选取圆曲线中间点。

3）2个或以上平曲线相连接的连续弯道路段，选取连续弯道的起点、中间点和终点。

4）高速公路、一级公路圆曲线半径小于或等于1000m的平曲线段，以及二级公路、三级公路小于或等于600m的平曲线段，分别与大于或等于3%的纵坡组合的弯坡组合路段，选取圆曲线中间点。

5）隧道路段，选取隧道起点和终点。

6）跨江跨海大桥、山区高墩特大桥等桥梁路段，选取桥梁起点、中间点及终点。

7）路侧干扰路段，选取路侧干扰路段起点、中间点及终点。

8）连续长、陡下坡路段，选取连续长、陡下坡起点、中间点及终点。

4　高速公路和一级公路互通式立体交叉分流点前方2km至合流点之后1km范围内、其他公路平面交叉300m范围内不应作为运行速度调查地点。

5　调查样本应随机抽样，不得主观抽取高速行驶或慢速行驶车辆样本。根据调查地点的初定基本限速值，最小样本量应符合表4.3.4-2的规定。采集足够的样本量困难时，可按单向每种代表车型在公路上以自由流车速行驶3次，记录速度数据，采用其平均值作为各代表车型的运行速度。

表 4.3.4-2　最小样本量

初定基本限速值（km/h）	20、30、40	50	60	70	80	90	100	110	120
样本量（辆）	55	65	85	95	110	130	155	200	275

注：置信度为98%时，置信区间为±2km/h。

5 交通工程论证及方案设计

5.1 一般规定

5.1.1 交通工程论证应包括下列内容：
  1 限速路段划分；
  2 论证方法选取；
  3 限速值论证；
  4 限速路段和限速值调整；
  5 限速方式选择。

5.1.2 交通工程论证时，应协调处理标志限速与法定限速、设计速度、运行速度之间的关系。

5.1.3 公路限速标志方案设计，应符合下列规定：
  1 以交通工程论证结果为依据，提出全线双向一般限速路段的分布、基本限速值和限速方式；特殊限速路段的分布、特定限速值和限速方式。
  2 未列入特殊限速路段的技术指标受限路段，应提出改善方案。

5.2 限速路段划分

5.2.1 限速路段宜按图5.2.1所示划分为一般限速路段和特殊限速路段。

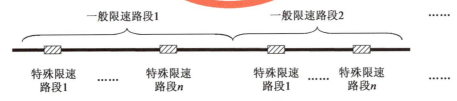

图 5.2.1　一般限速路段和特殊限速路段关系图

5.2.2 根据功能定位、技术指标、路侧干扰和沿线环境等发生显著变化的趋势，可将一个公路项目划分为一个或多个一般限速路段。一般限速路段的分界点应设置在下列位置：
  1 公路功能定位发生变化，如公路由干线功能改变为集散功能等；

2 公路技术指标发生变化，如公路设计速度发生变化等；
3 公路路侧干扰情况发生变化，如公路由郊区公路转变为城市道路等；
4 公路沿线环境发生明显改变，如公路由平原微丘区改变为山岭重丘区等。

5.2.3 一般限速路段内，受公路技术指标、运行特征、路侧干扰、沿线环境等条件的制约，因客观因素无法通过工程改造彻底消除安全风险的下列局部路段，可根据交通工程论证结果设置特殊限速路段：

1 公路技术指标受限路段，如：
 1）公路平、纵几何线形指标低于现行《公路工程技术标准》（JTG B01）和相关技术标准规定的一般值要求的急弯、陡坡和连续长、陡下坡等路段；
 2）特长隧道、隧道群、跨江跨海特大桥、山区高墩特大桥等长大结构物路段；
 3）互通式立体交叉出口匝道路段；
 4）无信号控制铁路道口路段。
2 运行特征受限路段，如：
 1）大型车所占比例明显变高的路段；
 2）与车辆行驶速度关系显著的事故易发路段。
3 路侧干扰受限路段，如：
 1）公路穿越学校区域、穿越村镇、作业区等路段。
4 沿线环境受限路段，如：
 1）野生动物迁徙横穿路段；
 2）雾、雨、雪、风、沙尘、冰雹等特殊天气影响路段。

5.3 论证方法选取

5.3.1 交通工程论证方法可包括综合评价论证法、风险因素论证法和运行速度论证法等。

条文说明

不同的交通工程论证方法具有不同的特点和适用条件，要结合公路的功能定位、运行特征、路侧干扰和沿线环境等因素，选择适宜的方法。

（1）综合评价论证法

综合评价论证法借鉴了公路项目安全性评价和几何设计的原理，以保证公路基础设施的交通安全为前提，对公路项目进行交通安全综合核查和分析评价，从而确定限速路段、限制值和限速方式。综合评价论证法的原理是首先核查直接影响运营安全性相关技术指标，然后对运行速度、交通事故等运行特征、公路穿越城镇等路侧干扰、特殊天气等沿线环境因素深入分析和研究，从而确定公路可提供给车辆的安全行驶速度，最后按照限速一致性与协调性的要求，确定最终限速值。综合评价论证法突出了在充分保障公路使用者安全的前提下，科学提高公路通行能力和运行效率的原则。

（2）风险因素论证法

风险因素分析技术综合考虑了事故发生的可能性和严重程度，代表了安全管理现代化的方向。该方法的原理是限速值由与公路的技术指标、运行特征、路侧干扰和沿线环境相关联的风险决定，车辆按限速值行驶时的事故风险总体需在可接受的范围。

（3）运行速度论证法

运行速度论证法的原理是以运行速度为基础确定一个初定限速值，并根据公路技术指标和运行特征提高或降低限速值。

5.3.2 除特殊情况外，交通工程论证方法宜采用综合评价论证法。

5.3.3 路侧条件复杂、横向干扰较多、混合交通严重且交通安全设施不完备的在役普通公路，可采用风险因素论证法。

5.3.4 路侧条件良好、横向干扰少、几何线形指标显著优于现行《公路工程技术标准》（JTG B01）和相关技术标准规定的一般值要求、服务水平为一级或二级的在役高速公路和作为干线的一级公路、二级公路，可采用运行速度论证法。

5.3.5 同一条公路的不同限速路段，可根据需要采用不同论证方法。

5.4 综合评价论证法

5.4.1 公路项目可按表5.4.1的规定选取一般限速路段的核查设计标准。核查设计标准有多个可选项时，可按由低到高的顺序选取，其中高速公路、作为干线的一级公路可以原设计速度提高一个设计等级（20km/h），50%以上路段满足时，可作为核查设计标准。根据核查设计标准，结合公路的运行特征、路侧干扰和沿线环境情况，可确定初定基本限速值。

表5.4.1 初定基本限速值与核查设计标准关系一览表

设计速度（km/h）	核查设计标准（km/h）	初定基本限速值（km/h）
20	20	20，30，40
30	30	30，40，50
40	40	40，50，60
60	60	60，70，80
80	80	80，90，100
	100	100，110
	120	120

续表 5.4.1

设计速度（km/h）	核查设计标准（km/h）	初定基本限速值（km/h）
100	100	100，110
100	120	120
120	120	120

条文说明

设计速度是"确定公路设计指标并使其相互协调的设计基准速度"。设计速度确定后，在整条公路上一般保持一个固定值，但公路平、纵技术指标实际所能满足的设计标准，是随着所在路段的不同而变化的。如一条设计速度80km/h的高速公路，实际很多路段所能满足的设计标准是高于设计速度的，如可以达到100km/h的设计等级，这也是公路运行速度高于设计速度的一个主要原因，因此进行技术指标核查的设计标准要根据公路平、纵技术指标所能满足的设计等级确定。

《公路工程技术标准》（JTG B01—2014）第3.5.2条规定，"同一路段运行速度与设计速度之差宜小于20km/h"。《公路项目安全性评价规范》（JTG B05—2015）第4.5.1条规定，同一路段运行速度与设计速度差值大于20km/h时，"应根据运行速度对该路段的相关技术指标进行评价"；当运行速度与设计速度之差小于或等于20km/h时，该规范未提出相应技术指标需要做调整的要求。以上标准规范的规定，说明运行速度与设计速度之差小于或等于20km/h属于设计允许的范围，设计较为合理。当初定基本限速值与设计速度的差值小于或等于20km/h时，属于设计允许范围，要采用设计速度进行核查；当大于20km/h时，要采用实际平、纵技术指标所能满足的提高一个设计等级的设计标准进行核查。

表5.4.1提供了初定基本限速值与核查设计标准关系一览表，供技术指标核查设计标准选取时参照。

5.4.2 根据初定基本限速值所对应的核查设计标准，应依据现行《公路工程技术标准》（JTG B01）和相关技术标准的有关规定，对直接影响运行安全性的下列技术指标进行核查，明确受限情况：

1 根据设计圆曲线半径和超高计算横向力系数 μ，核查评价行车的安全性和舒适性。

2 根据平均纵坡和坡长，核查是否存在连续长、陡下坡路段；核查竖曲线半径和长度。

3 分车型进行停车视距核查，对平面、纵断面及平纵组合路段通视范围内存在的障碍物对行车安全的影响进行核查。

4 对隧道位置、长度、与相邻隧道及其他设施的间距进行核查，核查视距，平、纵、横几何线形技术指标和隧道通风、照明设计条件。

5 核查是否存在相邻互通式立体交叉与隧道等其他设施净距过近影响交通运行的情况；对互通式立体交叉、服务区、停车区匝道出入口线形、视距、加减速车道长度等进行核查。

6 核查平面交叉通视三角区的通视情况，以及采取的交通管理措施情况。

7 核查交通工程及沿线设施的设置情况，重点对交通标志字高、警告标志距危险点的距离、交通标志反光等级、护栏防护等级等与车辆运行速度有关的设计参数进行核查。

条文说明

与设计关联紧密的技术指标和参数较多，但并非所有指标和参数均与车辆运行速度直接相关并影响交通安全。通过查阅国内外相关标准、文献和科研成果，结合《公路工程技术标准》（JTG B01—2014）的修订原则，在深入分析公路主要设计要素在标准规范中的地位以及与运行速度相关性的基础上，以是否直接影响运行安全性为依据，确定了直接影响运行安全性的技术指标：

1 平面技术指标中与运行安全性最直接相关的是圆曲线，车辆在圆曲线运行时，所产生的离心力等横向力不能超过轮胎与路面的摩阻力所允许的界限，以确保横向稳定性，避免车辆滑移或倾覆。当圆曲线半径和超高不变的情况下，运行速度提高，可能会带来车辆横向滑移的风险，因此需要计算横向力系数，综合平衡车辆行驶的安全性和舒适性。

横向力系数 μ 按式（5-1）计算：

$$\mu = \frac{v^2}{127R} \pm i \tag{5-1}$$

式中：v——核查设计标准值（km/h）；

　　　R——平曲线半径（m）；

　　　i——超高横坡度（%），当平曲线路段设置正超高时，取"－"；当平曲线路段设置反超高时，取"＋"。

我国《公路工程技术标准》（JTG B01—2014）和多数国家的技术规范一样，在计算圆曲线最小半径时采用了最大计算横向力系数，见表5-1。

表5-1 设计速度与横向力系数关系一览表

设计速度（km/h）	120	100	80	60	40	30	20
横向力系数 μ	0.10	0.12	0.13	0.15	0.15	0.16	0.17

综合查阅国内外相关标准规范和研究文献，都表明横向力系数 μ 值的选取关系到行车的安全、经济与舒适，各国标准为计算最小平曲线半径，考虑各方面因素采用一个舒适的 μ' 值。美国联邦公路管理局（FHWA）报告 *Speed Concepts: Informational Guide* 认为，最大计算横向力系数 μ' 值是在20世纪40年代基于当时车辆的舒适性要求提出的，随着车辆性能大幅提升，该值的冗余性非常充足，并明确指出"最大计算横向力系数不代表车辆在弯道运行过程中的横向力系数限制值"。

《公路路线设计规范》（JTG D20—2017）第7.3.2条的条文说明认为，从人的承受能力与舒适感考虑，当 $\mu<0.10$ 时，转弯不感到有曲线的存在，很平稳；当 $\mu=0.15$ 时，转弯感到有曲线的存在，但尚平稳；当 $\mu=0.20$ 时，已感到有曲线的存在，并感到不平稳；当 $\mu=0.35$ 时，感到有曲线的存在，并感到不稳定；当 $\mu>0.40$ 时，转弯非常不稳定，有倾覆的危险。因此综合来看，作为在实际速度管理下车辆在圆曲线上的安全稳定性的评价条件，以 μ 值不大于 0.15 为限制值较为合适，在核查设计标准值的计算情况下，为保证行车安全和舒适性，最大横向力系数 μ 不大于 0.15。

2 目前我国山区公路下坡方向的技术指标更为影响实际交通安全，《公路工程技术标准》（JTG B01—2014）的配套研究报告通过问卷调查统计显示，长、陡下坡路段行车保障交通安全最有效的措施是严格限速，对存在连续长、陡下坡的路段要进行技术指标核查和评价，分析大货车制动失效的风险，已运营公路重点结合实际运营的安全状况，确定是否需要将其列为特殊限速路段，是否需要对大货车进行特定限速。根据《公路工程技术标准》（JTG B01—2014），核查竖曲线半径和长度是否能满足核查设计标准的要求。

3 公路是三维立体的空间实体工程。公路视距除受到平、纵、横等几何指标、参数和平纵组合等影响外，还可能受到路堑挖方边坡、护栏、路侧构筑物等的遮挡影响。《公路工程技术标准》（JTG B01—2014）强化了对行车安全敏感路段进行视距核查的要求，因此要求在初定基本限速值对应的核查设计标准下，对公路平面和纵断面指标较低、平纵线形组合复杂路段进行不同车型的停车视距检验，以确保安全视距条件。《公路工程技术标准》（JTG B01—2014）中对不同设计速度下的停车视距进行了规定，货车由于制动性能差，所需要的停车视距更大，还在附录 B 中规定"货车停车视距在下坡路段，应随坡度大小进行修正"。

4 隧道平、纵、横几何线形技术指标和隧道通风、照明设计条件是隧道和隧道群的重点核查内容，要依据相关标准规范的规定进行核查。间距小于 2km 的隧道，可以视为隧道群进行核查。

5 互通式立体交叉、服务区、停车区等各类出入口要核查是否能满足核查设计标准对应的识别视距。识别视距是指车辆以一定速度行驶中，驾驶人自看清前方分流、合流、交叉、渠化、交织等各种行车条件变化时的导流设施、标志、标线，做出制动减速、变换车道等操作，至变化点前使车辆达到必要的行驶状态所需要的最短距离。进行停车视距计算时所使用的驾驶人反应时间为 2.5s，而在互通式立体交叉、服务区、停车区出入口等复杂情况下发现、识别和判断公路情况所需的时间一般为 15~20s，需要比停车视距更长的识别视距，才能保证安全停车或合理的避让。《公路工程技术标准》（JTG B01—2014）附录 B 和《公路立体交叉设计细则》（JTG/T D21—2014）第 4.4.2 条，对不同设计速度下分流鼻端的识别视距提出了基本要求。对互通式立体交叉、服务区、停车区出入口通过核查设计标准计算识别视距进行评价，无法满足要求时，要考虑采取相应的工程改造措施改善视距条件，工程改造措施存在困难时，要采用合理的速度控制设施进行改善。

6 通视三角区是影响平面交叉安全运行的重要指标。不同的交通管理方式所需要的最小通视三角区不同：对于无控制平面交叉或减速让行控制平面交叉，要核查两相交公路各自引道视距组成的区域是否通视；对于停车让行控制平面交叉，要核查主要公路的安全交叉停车视距和次要公路至主要公路边车道中心线 5~7m 所组成的通视三角区是否通视；对于信号控制平面交叉，考虑到可能存在非机动车等不遵守信号的情况，建议参照停车让行控制平面交叉核查通视三角区通视情况，不能满足时，要核查平面交叉每个进口任一条车道停止线前的第一辆车能否被其他方向进口道第一辆车看到，并评估非机动车通行的安全性。

7 依据我国现行《道路交通标志和标线》（GB 5768）和《公路交通安全设施设计规范》（JTG D81）等相关标准规范的规定，核查相关设施的设置能否满足核查设计标准的要求。

经深入分析，以下技术指标未列为单独核查技术指标，可以结合设计速度、交通事故、路侧条件及沿线环境等因素综合考虑：

（1）左右侧硬路肩、高速公路和一级公路建筑界限中的 C 值、路缘带等横断面设计指标既具有紧急停车、保护建筑等功能，也具有安全净区的作用。《公路工程技术标准》（JTG B01—2014）明确了横断面形式及各组成部分的功能和宽度值，高速公路和作为干线的一级公路右侧硬路肩最小值统一为 1.5m，取消左侧路缘带一般值，并规定特殊情况下可论证采用最小值。在我国公路车道宽度普遍大于其他国家，并且小客车主要在内侧车道行驶的情况下，横断面指标对自由流状态下车辆行驶速度的影响不是决定性、控制性的，因此未列入核查内容范围内。

（2）直线最大和最小长度等技术指标，更多地与行车舒适性相关，对车辆行驶速度未产生限制性影响，因此未在核查内容范围内。

（3）单个纵坡坡度和最大坡长，主要影响载重汽车的爬坡性能和公路通行能力，对小客车而言，纵坡坡度和坡长对运行速度影响不大。《公路工程技术标准》（JTG B01—2014）和其他国家一样是从载重汽车上坡动力性能的角度提出了限制值，因此在上坡方向坡度和坡长不作为速度管理的控制因素。在我国大型货车性能较差、驾驶行为不规范、超载超限比较严重的条件下，山区公路长、陡下坡方向更为影响交通安全，因此将是否存在连续长、陡下坡作为核查内容。

5.4.3 对技术指标满足现行《公路工程技术标准》（JTG B01）和相关技术标准对应于核查设计标准规定的路段，应按下列规定计算或实测运行速度，并进行运行速度分析与确定基本限速值：

1 对新建和改扩建公路，运行速度可采用理论运行速度，也可调查类似条件的在役公路运行速度作为参考；对在役公路，运行速度宜采用实测运行速度。实测准确度难以保证时，可以理论运行速度作为参考值。

2 理论运行速度值可采用现行《公路项目安全性评价规范》（JTG B05）规定的方法进行计算，其中初始运行速度值采用核查设计标准值；实测运行速度可按本规范

第4.3.4条规定的方法采集。

3 运行速度与初定基本限速值之间的差值不大于20km/h时，可采用初定限速值作为基本限速值；运行速度与初定基本限速值之间的差值大于20km/h时，可按表5.4.1的规定对核查设计标准提高一个设计等级，作为新的核查设计标准再次进行技术指标核查。

4 一级公路、二级公路交通环境复杂、横向干扰明显时，基本限速值不宜高于设计速度值，可根据实际情况，采用低于设计速度的基本限速值。设计速度值低于法定限速值的三级、四级公路，基本限速值可采用法定限速值，并不宜高出设计速度值20km/h。

条文说明

1~2 为配合现行《公路工程技术标准》（JTG B01）、《公路路线设计规范》（JTG D20）的修订，近年来我国对运行速度开展了多项研究，如"高速公路运行速度设计方法与标准""公路运行速度体系、安全性评价与工程应用技术"等，现行《公路项目安全性评价规范》（JTG B05）吸收了相关成果，对于新建公路推荐了公路运行速度预测计算模型。

考虑到在役公路受到交通执法、天气、路面状况等因素的影响，实测运行速度准确度难以保证时，可以理论运行速度作为参考值。

4 本规范编写组前期对公路交通事故调研结果表明，平面交叉密度大、横向干扰明显、城镇化情况比较普遍的一级公路、二级公路，绝大部分交通事故是汽车与行人或非机动车碰撞引起的。采用高于设计速度的限速值，势必造成较高的安全风险，因此根据公路实际情况，可以采用低于设计速度的基本限速值。

5.4.4 对技术指标满足现行《公路工程技术标准》（JTG B01）和相关技术标准对应于核查设计标准规定，但属于事故易发路段、特殊天气影响路段或路侧安全隐患路段，可按特殊限速路段处理；对技术指标不满足现行《公路工程技术标准》（JTG B01）和相关技术标准对应于核查设计标准规定的受限路段，应结合运行速度和交通事故等运行特征进行综合分析，确定是否作为特殊限速路段。符合下列条件之一时，宜将该路段划为特殊限速路段，否则可按一般限速路段处理：

1 新建和改扩建公路项目路段理论运行速度值低于初定基本限速值20km/h以上时；

2 在役公路项目路段实测运行速度值低于初定基本限速值20km/h以上时；

3 在役公路项目路段是事故易发路段、特殊天气影响路段或路侧安全隐患路段。

5.4.5 事故易发路段、特殊天气影响路段、路侧安全隐患路段可采用下列方法确定或判别：

1 在役公路项目可采用公安交通管理部门提供的建成通车以来或近3年的交通事

故统计数据，在剔除无证驾驶、酒驾、毒驾、超载及其他危险驾驶行为或车辆不安全状态等明显与公路技术状况无关的事故后，确定交通事故易发路段。

2　核查全线是否有受雾、雨、雪、风、沙尘、冰雹等特殊天气因素影响的路段，并根据公路的运行特征（运行速度、交通事故）以及技术指标，分析评价其行车安全风险，论证是否需要作为特殊天气影响路段。

3　根据公路横断面形式、路侧环境、障碍物以及发生事故的频次和严重程度，应重点对临水、临崖，连续长、陡下坡末端等路段护栏及其他防护设施能否满足核查设计标准的防护需求进行核查。对不能满足防护需求的路段，应进行防护设施工程改造和优化；条件困难时，可作为路侧安全隐患路段。

条文说明

1　事故易发路段是指公路建成通车以来或近3年内发生多起交通事故或事故损害后果极其严重，有一定规律特点的路段。长度较短（如500m以内）时，可称为事故易发点。事故易发路段通常依据公安交通管理部门提供的交通事故资料确定。

2　"受雾、雨、雪、风、沙尘、冰雹等特殊天气因素影响的路段"主要是指受小气候环境影响，周期性或长期性出现灾害性天气，并容易引发严重交通事故的局部路段，在限速标志设计时要予以考虑。需要引起注意的是，并非常态化的降雨、下雪、刮风等天气都构成本规范所指的特殊天气，受影响的路段都成为特殊天气影响路段，还需要结合公路运行特征（运行速度、交通事故）以及技术指标，经多因素分析论证后才能确定。

5.4.6　新建和改扩建公路技术指标受限路段宜通过技术指标的调整，在役公路可通过采取工程改造措施，将特殊限速路段改造成为一般限速路段。经综合技术经济论证不具备条件时，应按下列原则确定特定限速值：

1　公路平、纵几何线形指标低于现行《公路工程技术标准》（JTG B01）和相关技术标准规定的一般值要求的急弯、陡坡和连续长、陡下坡等路段，特定限速值不宜超过设计速度值。

2　连续长、陡下坡路段还应综合考虑交通量、交通组成（货车比例）、车辆载重等运行特征和公路技术指标等因素确定特定限速值。

3　跨江跨海大桥、山区高墩特大桥等应根据横风环境设置不高于设计速度的特定限速值。

4　照明设施满足设计要求同时可完整看到进出口的通视隧道，特定限速值宜与相邻一般限速路段一致；其他隧道、隧道群特定限速值应根据几何线形、照明和通风设施的设计情况确定，其中特长隧道特定限速值不宜高于设计速度值。

5　互通式立体交叉出口匝道特定限速值的确定应采用与主线类似的方法。当匝道长度较短、几何线形指标受设计速度控制时，特定限速值可采用设计速度值。当匝道几何线形为平、纵面极限指标或接近极限的指标组合而成时，根据交通事故、匝道车辆运行状态调查，可采用低于匝道设计速度的特定限速值。

6 公路附近有学校，学生经常穿行的路段，应根据学校区域机动车、非机动车隔离设施或信号灯的设置情况、视距条件、沿线环境以及学校与公路的相对位置等因素确定特定限速值：

1）作为干线的公路通过学校区域，特定限速值宜为 30～40km/h，并不应超过 50km/h。当作为干线的公路隔离设施、人行横道和交通控制设施较为完备时，可采用高值；情况复杂、秩序混乱情况下，可采用低值。根据实际情况，经综合论证，可考虑分时段限速方式。

2）其他公路通过学校区域，特定限速值不宜超过 30km/h。

7 公路穿越村镇或城镇化路段，应根据沿线环境、车辆与行人混合交通状况、平面交叉数量以及交通工程设施状况确定特定限速值：

1）特定限速值在相邻一般限速路段基本限速值基础上宜折减 10～20km/h，可小于或等于设计速度值。

2）混合交通比较严重、行人横穿频繁或存在其他横向干扰时，特定限速值宜小于或等于 30km/h，不应超过 50km/h。

8 公路平面交叉密集的路段，特定限速值应参照公路穿越村镇或城镇化路段确定。

9 公路施工作业区应根据公路技术等级、作业区位置和类型、施工车辆及人员出入情况、停车视距等因素确定特定限速值。特定限速值不应大于表 5.4.6 的规定值。

表 5.4.6 作业区特定限速值

设计速度（km/h）	特定限速值（km/h）
120	80
100	70
80	60
60	40
40、30	30
20	20

10 无信号控制的铁路道口特定限速值不得超过 30km/h。

11 事故易发路段特定限速值宜采用设计速度值；与车辆行驶速度相关的交通事故较多时，特定限速值不宜高于设计速度；经论证需整改的事故易发路段，根据公路实际情况，可采用低于设计速度的特定限速值。

12 特殊天气影响路段应经综合研究确定特定限速值，并可通过可变限速标志发布。遇有雾、雨、雪、风、沙尘、冰雹等特殊天气条件时，公路特定限速值宜采用法定限速值。不具备设置可变限速标志的条件时，可设置限速标志加辅助标志的特殊天气限速标志。

13 路侧安全隐患路段可结合限速路段的整体划分暂时按特定限速路段处理，特定限速值可采用设计速度值，待条件具备后进行工程改造和优化。

条文说明

公路特殊限速路段的特定限速值要根据实际核查结果，按本条的规定确定。

2 公路连续长、陡下坡路段往往属于事故易发路段。通过对典型连续长、陡下坡路段交通事故原因的分析可知，平均63.4%的事故原因是车辆的制动失效和超速，需要根据长、陡下坡路段的长度和坡度、车辆制动失效情况和事故调查结果，确定车辆特别是大型车辆在下坡过程中所应保持的安全速度，据此确定特定限速值。对于新建项目，开通初期可以根据长、陡下坡路段实际技术指标，应用有关研究成果，确定特定限速值。

6~7 速度是造成公路交通伤害的一个关键性风险因素，不仅影响公路交通事故发生的概率，而且影响事故所导致伤害的严重程度。对机动车驾驶人而言，佩戴安全带和设计良好的车辆一般可以防护不大于70km/h的正面碰撞和不大于50km/h的侧面碰撞；当机动车撞向行人、自行车、摩托车驾驶人或乘坐人员等公路弱势使用者时，导致严重伤害或致命伤害的风险性很高。公路弱势使用者被撞身亡的可能性随车辆速度的增加而急剧增加，如图5-1所示。如果车辆行驶速度超过30km/h，其所造成的伤害将超过人体的承受能力，但大多数人可以存活，而被50km/h速度的车辆撞击时，大多数人会失去生命。

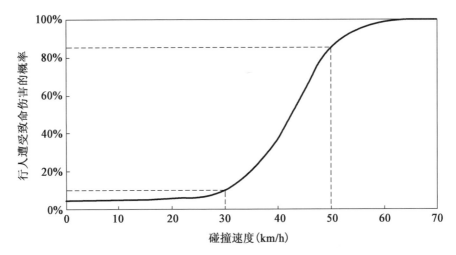

资料来源：*Speed Management*，Paris 2006，OECD

图5-1 行人与车辆碰撞遭受致命伤害的可能性

在学校区域、穿越村镇和城镇化等横向干扰严重的路段，人的行为不可预测的特点意味着期望预防所有事故的发生是不现实的，因此限速标志设计要遵循"公路弱势使用者不应当暴露在机动车速度超过30km/h的路面上"的原则。

为发挥干线公路快速通达的功能，干线公路通过学校区域、穿越村镇和城镇化路段时，要尽量采取机非隔离、平面交叉口信号控制、人行横道等一系列交通工程措施，以减少横向干扰。

基于以上原因，本规范制定时充分考虑了速度对人员伤害的特点和干线公路功能需求，提出了学校区域、穿越村镇和城镇化路段特定限速值的规定。

12 在雾、雨、雪、风、沙尘、冰雹等特殊天气影响条件下，合理控制车辆行驶速度并保持车距是保障公路运营安全的一项行之有效的措施，因此所制定的限制速度和车距控制标准要科学合理。特殊天气影响路段的特定限速值，可以通过监控设施获取交通、气象等数据经过一定算法，结合安全运营管理经验经综合研究确定，通过可变限速标志发布。

5.4.7 根据论证分析结果确定的限速路段和限速值，还应综合考虑交通安全、运行效率以及管理需求，按本规范第5.7节的规定对限速路段和限速值进行调整修正，确定最终限速路段和限速值。

5.5 风险因素论证法

5.5.1 一级公路应双向分别进行数据采集、标准化和风险分值计算，二、三、四级公路应按整幅进行数据采集、数据标准化和风险分值计算。除本规范第4.3节规定的资料收集和现场调查内容外，还应收集包含从公路中心线辐射公路两侧不小于170°范围的公路场景图像、对应的里程桩号、地理坐标等信息，其中地理坐标应同步标注与公路里程桩号的匹配关系。

5.5.2 论证单元的划分，可按100m为标准均分，也可根据公路的几何线形、路侧干扰和沿线环境等因素的同质性进行划分，论证单元长度不宜超过1km。

5.5.3 对划分的论证单元，应按本规范附录A的规定进行数据标准化，将公路和交通指标及对应属性分类和量化，得到风险因素标准化数据。

5.5.4 应计算各论证单元的风险分值，并确定现状风险等级。应利用标准化处理后的数据，将论证单元的公路风险分值（HR）按图5.5.4所示的风险因素分析模型进行计算后，根据表5.5.4所示的风险分级标准确定风险等级。

表 5.5.4　公路风险分级标准

风 险 等 级	风 险 状 况	公路风险指标范围
V级	高	HR≥23
Ⅳ级	较高	23＞HR≥13
Ⅲ级	中	13＞HR≥5
Ⅱ级	较低	5＞HR≥3
Ⅰ级	低	HR＜3

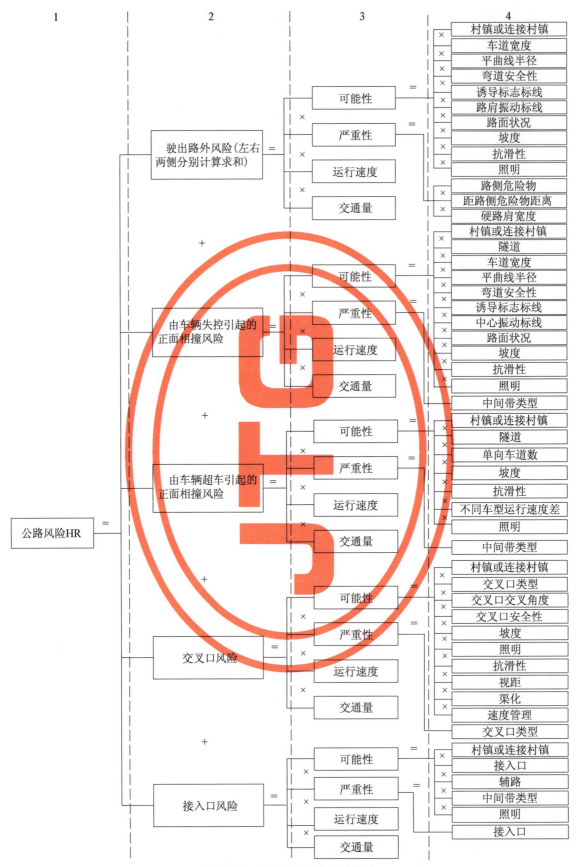

图 5.5.4 公路风险因素分析模型

5.5.5 根据设计速度、限速现状、运行速度和现状风险因素分析结果等，可按 10km/h 的倍数进行限速值的调整，综合确定新的限速方案，其中Ⅳ、Ⅴ级高风险路段应重点关注。限速值的调整还应结合交通事故情况，对于事故率显著高于区域内同类公路基础设施和交通条件的路段，不宜提高限速值。

5.5.6 对新的限速方案下的公路，应再次进行风险因素分析，分析总体Ⅳ、Ⅴ级高风险路段的比例情况：对于新的限速值高于现状限速值的，如果比例小于30%可考虑继续提高限速值，并重新进行分析论证，直到Ⅳ、Ⅴ级高风险路段接近等于30%；对于新的限速值低于现状限速值的，如果比例大于或等于30%可考虑继续降低限速值，并重新进行论证，直到Ⅳ、Ⅴ级高风险路段接近等于30%。

条文说明

5.5.1～5.5.6 采用风险分析论证法进行交通工程论证时，要保证车辆按限速值行驶时的安全风险等级，以及穿村镇等行人密集路段行人的风险等级总体在可接受的范围。关于"可接受的范围"，一般情况下，要尽可能减少Ⅳ级和Ⅴ级高风险路段的比例，还要结合安全改善计划以及可投入资金能力等综合确定。

关于高事故风险公路或路段的判别标准，不同国家的规定不完全一致。美国把高事故风险公路确定为功能划分为主要集散、次要集散或者地方公路的伤害事故率高于州的平均水平或者可能由于交通量的增加导致事故率高于州平均水平的公路。新西兰对乡村高事故风险公路的规定是，与其他公路相比，伤亡事故率（如亿车公里事故率指标）或事故密度呈高或中高水平的乡村公路。我国的公路安全生命防护工程中一般把分析区域内年均事故密度高于累计频率70%的公路路段设定为重点关注路段。

基于大量的研究成果和实践经验，总体高风险路段大于或等于30%时，除非进行根本性的安全改善，不能对路网限速值进行整体提高调整；从安全角度来说，要根据实际情况适当降低高风险路段限速值，并采取安全改善措施；低风险路段可考虑局部提高限速，同时要兼顾前后相邻路段的限速值合理过渡。

根据国内外的经验，在风险因素分析确定分级阈值标准时，除提供一个固定值方法，还可根据实际需要按比例确定，一般把风险分值按20%均分或按最高的10%（$HR > HR_{90}$）作为Ⅴ级、把风险分值较高的20%（$HR_{90} \geq HR > HR_{70}$）作为Ⅳ级，总计30%作为高风险路段。高风险路段的选择标准，对于经济投入条件好的区域，可以适当放宽。

5.5.7 针对新的限速方案下的Ⅳ、Ⅴ级高风险路段，应进行安全改善措施分析，并估计措施实施后对风险的降低情况；风险级别不能降低到Ⅲ级及以下的，作为特殊限速路段降低限速值或采取安全改善措施。交通事故率明显高于同类公路基础设施和交通条件路段的，也应作为特殊限速路段，降低限速值或采取安全改善措施。

5.5.8 交互式的限速值调整和完善后，还应综合考虑交通安全、运行效率以及管理需求，按本规范第5.7节的规定对限速路段和限速值进行调整修正，确定最终限速路段和限速值。

5.6 运行速度论证法

5.6.1 应按本规范第4.3.4条的有关规定对运行速度进行采集。每一调查地点的运行速度和步距应按下列规定计算：

1 绘制速度累积频率曲线，累积频率为85%所对应的速度为运行速度。

2 通过调查地点的观测车辆中，以5km/h的速度级差分组，连续3个速度分组的车辆数最多时，对应的15km/h速度范围为步距，速度最高值为15km/h步距上限。

条文说明

调查地点运行速度和步距计算方法举例如下：

1 绘制速度累积频率曲线，如图5-2所示曲线上累积频率为85%所对应的速度为运行速度。

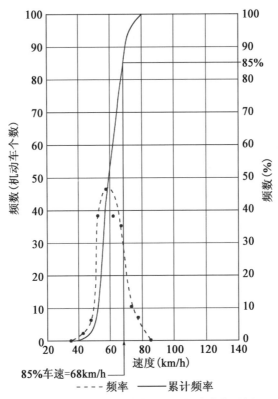

图5-2 确定运行速度的累积频率曲线示例

2 表5-2为某一运行速度调查地点的15km/h步距计算的示例。样本总量为182辆，15km/h步距为50～65km/h，步距上限为65km/h。

表 5-2 15km/h 步距计算示例

速度分组（km/h）	组中值（km/h）	观测频数	连续 3 个速度分组总频数	连续 3 个分组总频数占样本总量的百分比（%）
0~30	15	0	0	0
>30~40	35	0	0	0
>40~45	42.5	2	2	1.1
>45~50	47.5	6	8	4.4
>50~55	52.5	38	46	25.3
>55~60	57.5	46	90	49.5
>60~65	62.5	38	122	67.0
>65~70	67.5	35	119	65.4
>70~75	72.5	10	83	45.6
>75~80	77.5	7	52	28.6
>80~90	85	0	17	9.3
>90~120	105	0	7	3.8

注：此示例公路基本限速值为 60km/h。

5.6.2 调查地点的速度分布具有下列特点时，运行速度可作为初定基本限速值：

1 运行速度等于或接近于 15km/h 步距上限；
2 观测车辆中，60% 以上的速度在 15km/h 步距内。

5.6.3 调查地点的速度分布不具有本规范第 5.6.2 条规定的特点时，应查找原因，如采集数据是否有问题，驾驶人对公路环境的感知是否和公路环境一致等。采取相关措施加以解决后，再进行速度分布的分析。

5.6.4 根据初定基本限速值，宜对直接影响运行安全性的技术指标进行核查，能满足现行《公路工程技术标准》（JTG B01）和相关技术标准规定时，除事故易发路段、特殊天气影响路段或路侧安全隐患路段可按特殊限速路段处理外，其他路段可作为一般限速路段，初定基本限速值可作为基本限速值。

5.6.5 初定基本限速值无法满足现行《公路工程技术标准》（JTG B01）和相关技术标准规定的路段，如同时属于事故易发路段、特殊天气影响路段或路侧安全隐患路段时，该路段宜按特殊限速路段处理，否则可按一般限速路段处理。

5.6.6 特殊限速路段可根据下列规定确定特定限速值：

1 事故易发路段的特定限速值不宜高于设计速度值。
2 受雾、雨、雪、风、沙尘、冰雹等特殊天气影响路段，特殊天气状态下的特定限速值不宜高于设计速度值。

3 穿村镇路段和跨江跨海大桥、特长隧道、山区高墩特大桥等公路长大结构物路段，特定限速值不宜高于设计速度值。

5.6.7 根据论证分析结果确定的限速路段和限速值，还应综合考虑交通安全、运行效率以及管理需求，按本规范第 5.7 节的规定对限速路段和限速值进行调整修正，确定最终限速路段和限速值。

5.7 限速路段和限速值调整

5.7.1 一般限速路段的长度应符合本规范第 5.2.2 条的规定，或不宜小于 0.25h 设计速度行程长度。

5.7.2 特殊限速路段的长度不宜小于表 5.7.2 的规定。当相邻特殊限速路段间距小于或等于表 5.7.2 的规定时，宜合并。

表 5.7.2 特殊限速路段最小长度

特定限速值（km/h）	20	30	40	50	60	70	80	90	≥100
特殊限速路段最小长度（km）	0.2	0.3	0.4[a]	0.5	0.6	0.7	0.8[b]	0.9[b]	2.0

注：[a] 学校区域特殊限速路段最小长度采用 0.2km。
　　[b] 高速公路特殊限速路段最小长度采用 2.0km。

5.7.3 一般限速路段内的特殊限速路段总长度不宜大于一般限速路段总长度的 15%～20%，否则宜采取下列措施：
1 对一般限速路段的划分进行调整；
2 对基本限速值进行调整；
3 采取工程措施，对公路行车条件进行改善。

5.7.4 对影响限速路段合理划分的特殊限速路段，应综合分析行车安全风险，论证用工程改造和其他安全改善措施代替设置特殊限速路段的可行性。

条文说明

我国早期建成通车的一些山区高速公路，部分半径相对较小的平曲线路段存在视距不足的情况，间隔出现，数量较多。如作为特殊限速路段将会影响全线限速路段的划分，出现限速值忽高忽低的情况。为保证车辆安全平稳运行，对这些路段在综合分析的基础上，可以采取更换护栏形式、交通标线偏移、设置减速标线、设置线形诱导标和告示标志等工程改造和安全改善措施进行处理，尽可能保持一般限速路段的完整性。

5.7.5 高速公路限速值不得超过120km/h。

5.7.6 限速值应为10km/h的整数倍。

条文说明

本条是依据《汽车用车速表》(GB 15082—2008)和《机动车运行安全技术条件》(GB 7258—2017)关于车速表的标值间隔、误差要求和驾驶人的安全驾驶条件规定的。限速值采用10km/h的整数倍作为增加或降低限速值的变化幅度，便于驾驶人对行驶速度的读取和控制。

5.7.7 相邻两个限速路段的限速值之差不应大于20km/h。

条文说明

根据运行速度协调一致性的原则，相邻两个限速路段的限速值之差小于20km/h时，可以使车辆行驶速度自然过渡，确保车辆行驶顺畅安全。对于公路沿线环境有明显改变的路段，如公路由平原微丘区改变为山岭重丘区、限速值级差大于20km/h的路段，从限速值较高路段向限速值较低路段，可以按照表5.7.2的规定设置必要的过渡段。

5.7.8 公路互通式立体交叉主线、减速车道和出口匝道所设置的限速标志，相互之间限速值之差不宜大于30km/h。

条文说明

根据公路互通式立体交叉减速车道的设计原理，以及出口匝道实际条件限制，做出了本条规定。具体实施时，可以按下列方法进行限速标志的设置和限速值的调整：

（1）在减速车道减速段起点，设置出口限速标志，限速值与主线限速值之差不超过30km/h。

（2）符合本规范第5.4.6条第5款规定时，在出口匝道受限路段起点，设置限速标志，限速值采用特定限速值；否则按匝道基本限速值设置限速标志或建议速度标志。

（3）前述两个地点设置的限速标志限速值之差大于30km/h时，可以在减速车道减速段终点增设限速标志，限速值按与其前、后限速标志限速值30km/h以内的速度级差选取。

示例如图5-3所示。

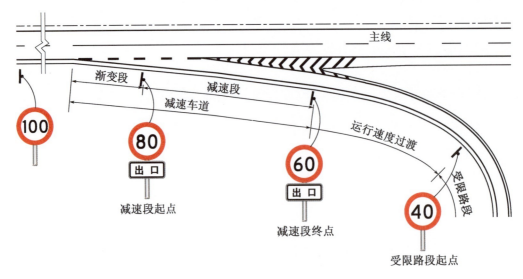

图 5-3 公路互通式立体交叉主线、减速车道和出口匝道限速标志设置示例

5.8 限速方式选择

5.8.1 限速方式选择时，应考虑公路技术等级、车道数、几何线形等技术指标和交通量、交通组成、运行速度等运行特征。

5.8.2 条件基本相同的限速路段宜采用相同的限速方式，其中特殊限速路段限速方式宜与其特征相符；学校区域、作业区可根据实际需求采用分时段限速方式；符合设置条件时，可设置可变限速标志或建议速度标志。

5.8.3 高速公路、一级公路限速方式应符合下列规定：
1 交通组成较单一的双向四车道高速公路、一级公路一般限速路段，宜采用单一限速方式，否则宜采用分车型限速方式，根据需要可设置大型车靠右标志；特殊限速路段可根据实际需要，采用单一限速方式或分车道与分车型组合限速等方式。
2 交通组成较单一的双向六车道高速公路、一级公路一般限速路段，宜采用单一限速方式，否则可在交通组成及交通流平衡分析的基础上，采用分车型限速或分车道与分车型组合限速等方式；特殊限速路段可根据实际需要，采用分车道与分车型组合限速方式。
3 双向八车道及以上高速公路、一级公路，宜采用分车道限速方式，或根据实际需要，采用分车道与分车型组合限速方式。

5.8.4 二、三、四级公路限速方式宜采用单一限速方式；设置慢车道的二级公路可采用分车道或分车型限速方式。

5.9 方案设计

5.9.1 应以交通工程论证结果为依据，通过文字、图表等形式说明全线双向一般限速路段、特殊限速路段的划分情况和对应的限速值、限速方式。

5.9.2 对技术指标不满足现行《公路工程技术标准》（JTG B01）和相关技术标准对应于核查设计标准规定，但经综合分析仍作为一般限速路段的路段，宜通过交通标志和标线等设施提醒驾驶人注意行车安全。

5.9.3 对采取工程改造和其他安全改善措施后可处理为一般限速路段的特殊限速路段，应提出具体改造和其他安全措施改善方案；无法处理为一般限速路段的特殊限速路段，宜提出公路限速标志与其他交通标志、交通标线（含彩色防滑标线）、减速丘等相关设施互相协调、配合使用的方案。

6 限速标志及相关设施设计

6.1 一般规定

6.1.1 限速标志应设置在限速路段起点处，并根据需要重复设置。限速标志不得被路侧树木、沿线构造物和其他交通标志等设施遮挡。

条文说明

　　限速标志的设置地点要保证限速信息具有足够的可辨认性、可识别性和易读性，能使驾驶人感知到环境变化，以便顺利和完整地向公路使用者传递信息。

6.1.2 限速标志宜单独设置，根据需要可与最低限速标志或辅助标志配合使用。解除限制速度标志应单独设置。

6.1.3 除特殊情况外，限速标志应设置在车辆前进方向的车行道上方或右侧。条件受限时，可在车辆前进方向的左侧，如中央分隔带处增加设置。限速标志不得侵入公路建筑限界并影响公路的停车视距。

6.1.4 特殊限速路段限速标志可根据需要与其他交通标志、交通标线、减速丘等相关设施综合使用。

6.1.5 在限速路段的终点，应设置新的限速标志或解除限速标志。

6.2 版面设计

6.2.1 限速标志版面应简洁、清晰、美观、无歧义。

6.2.2 限速标志应采用交通标志专用字体，其中阿拉伯数字应采用 B 型交通标志专用字体的正体字，其宽度不应减小。少数民族自治区限速标志中少数民族文字的用法，应符合现行国家和行业标准，以及少数民族文字社会用字的相关规定。

6.2.3 采用分车型限速、分车道与分车型组合限速、分时段限速、特殊天气限速方式时，宜以限速标志配合辅助标志的方式表示。版面示例见本规范附录 B。

6.2.4 根据实际需要，限速标志可嵌套使用。限速标志套用于无边框的白色底板上，应为必须遵守标志；套用于指路标志上，可表示提供相关限制速度信息，在必要位置，还应设置相应的限速标志。

条文说明

　　禁令限速标志套用于无边框的白色底板上，为必须遵守标志；套用于指路标志上，仅表示提供相关禁止、限制和遵行信息，只能作为补充说明或预告方式，并需要在必要位置设置相应的禁令标志。

6.3 限速标志设置

6.3.1 高速公路和作为干线的一级公路应在主线入口加速车道渐变段终点后 500m 左右适当位置设置限速标志。

6.3.2 作为集散的一级公路限速标志的设置宜符合下列要求：

　　1 设置互通式立体交叉时，宜在主线入口加速车道渐变段终点后 500m 左右适当位置设置限速标志。

　　2 与作为干线的二级公路相交构成的平面交叉，宜在一级公路入口后 100～200m 的适当位置，或公路编号标志和地点距离标志之间的适当位置设置限速标志。示例见本规范附录 C.0.1。

　　3 与作为集散的二级公路或三级公路相交构成的平面交叉，可在一级公路入口后 100～200m 的适当位置，或公路编号标志和地点距离标志之间的适当位置设置限速标志。示例见本规范附录 C.0.2。

6.3.3 二、三、四级公路限速标志设置宜符合下列规定：

　　1 作为干线的二级公路与二级及以上公路相交构成的平面交叉，该公路入口后适当位置宜设置限速标志；与三级、四级公路相交构成的平面交叉，二级公路入口后适当位置可根据需要设置限速标志。示例见本规范附录 C.0.3。

　　2 作为集散公路的二级、三级和四级公路，可根据需要在平面交叉入口后适当位置设置限速标志。

6.3.4 隧道限速标志宜设置在隧道入口前 100～200m 处，可根据需要与隧道限高标志合并设置。

条文说明

本条根据《公路隧道设计规范 第二册 交通工程与附属设施》（JTG D70/2—2014）第4.2.4条第2款的规定制定。

6.3.5 特大桥限速标志宜设置在桥头前0～200m处。

条文说明

特大桥限速标志的设置位置一般参考隧道限速标志的设置位置，考虑到特大桥之前标志设置相比于隧道路段较少，且特大桥路段不存在明暗适应等问题，因此，仅对特大桥路段限速标志距特大桥的最远距离作出规定，不限制限速标志距特大桥的最近距离。

6.3.6 学校区域限速标志宜设置在距学校区域起点前100～150m处。

6.3.7 高速公路、一级公路和作为干线的二级公路限速路段较长，在间隔0.25h设计速度行程长度无限速标志时，限速标志宜重复设置；其他公路可在间隔0.25h设计速度行程长度无限速标志时，根据限速标志的设置条件确定是否需要重复设置。

6.3.8 分级限速标志设置困难时，宜设置用于提醒车辆驾驶人前方有危险的警告标志，或行车安全提醒的告示标志。

条文说明

用于提醒车辆驾驶人前方有危险警告标志的设置位置，可以根据现行《公路交通标志和标线设置规范》（JTG D82）的有关规定确定。

6.3.9 限速标志的支撑形式应符合下列规定：
1 双车道公路宜设置柱式限速标志。
2 四、六车道公路采用单一限速或分车型限速方式时，宜设置柱式限速标志，根据需要可在中央分隔带同时设置；当交通量较大、大型车辆较多或存在其他因素影响柱式限速标志的视认性时，宜设置悬臂式或门架式限速标志。
3 八车道公路及采用分车道限速、分车道与分车型组合限速方式的六车道公路应设置门架式限速标志。

6.4 可变限速标志设置

6.4.1 限速路段符合下列条件之一时，可设置可变限速标志：
1 易受雾、雨、雪、风、沙尘、冰雹等特殊天气影响的路段；

2 夜间视距不良的路段；
3 容易发生特殊交通事件的路段。

条文说明

可变限速标志通常用于发布雾、雨、雪、风、沙尘、冰雹等特殊天气条件下，或拥堵、交通事故等特殊交通事件发生时，为确保行车安全和正常通行而确定的临时速度限制值。

6.4.2 当限速值固定的限速标志与可变限速标志显示信息不一致时，应以可变限速标志显示的限速值为准。

6.4.3 限速值固定的限速标志与可变限速标志不应设置在同一位置或间距较近。

6.4.4 可变限速标志显示的数字形式及颜色，应符合本规范和现行《道路交通标志和标线 第2部分：道路交通标志》（GB 5768.2）的规定。

6.5 建议速度标志设置

6.5.1 受限于公路几何线形条件、运行速度小于所在一般限速路段基本限速值，且长度较短、对其他车辆和行人不造成安全影响的路段，可设置建议速度标志。建议速度标志宜与其他警告标志联合使用或附加辅助标志，并应符合下列规定：
1 符合设置急弯路、反向弯路和连续弯路的警告标志设置条件时，可与警告标志联合设置，并设置于警告标志的下方。
2 纵坡坡度大于或等于6%的下坡路段前适当位置，可配合陡坡标志或连续下坡标志设置建议速度标志。
3 路面或桥面净宽缩减为6m以下的窄路、窄桥路段前适当位置，可配合窄路或窄桥标志设置建议速度标志。
4 路面颠簸路段、桥头跳车较严重的路段或减速丘前适当位置，可配合警告标志设置建议速度标志。

条文说明

建议速度标志用以提醒车辆驾驶人以建议的速度行驶，在弯道、纵坡大于或等于6%的下坡路段、窄路窄桥、路面高凸或低洼路段、互通式立体交叉出口匝道等路段使用。这些路段往往具有下列特征：
（1）路段的运行速度主要取决于公路的几何设计指标；
（2）不对其他车辆和行人造成安全问题；

（3）长度较短，设置限速路段不满足最小长度需求；或设置限速路段后，导致限速路段过于琐碎、限速值变化频繁和增加执法难度。

建议速度标志的设置位置可以根据现行《公路交通标志和标线设置规范》（JTG D82）的有关规定确定。

6.5.2 建议速度值应为 10km/h 的整数倍，应在交通工程论证的基础上确定。建议速度值不应超过设计速度值，并应小于所在一般限速路段的基本限速值。

6.5.3 连续弯路设置建议速度标志时，应在第一个曲线起点前设置连续弯路警告标志和建议速度标志，建议速度标志中显示最小圆曲线的建议速度。当连续弯路长度超过 1km 时，最小圆曲线前应单独设置建议速度标志。

6.5.4 设置建议速度标志的路段内不应设置限速标志。

6.6 相关设施设置

6.6.1 特殊限速路段除限速标志外，可配合设置主动引导、强制减速、交通执法等设施。

条文说明

与限速标志配合使用的速度控制设施通常包括主动引导、强制减速、交通执法等类型，其中主动引导设施包括警告标志、告示标志等交通标志，减速标线、振动标线、彩色防滑标线等交通标线，通过提示、引导，促使驾驶人主动控制车辆的行驶速度；强制减速设施包括减速丘、减速路面、隆声带等，迫使驾驶人降低行驶速度；交通执法设施包括电子速度抓拍、区间测速等设施。

6.6.2 各类速度控制设施应遵循安全、有效的原则设置，并应符合下列规定：
1 各类速度控制设施应符合现行《公路交通安全设施设计规范》（JTG D81）的有关规定，本身不得成为安全隐患。对行车舒适性可能产生较大影响的强制减速设施，如减速丘等，应提前预告或与其他类型减速设施相配合，实施综合减速。
2 各类设施应促使驾驶人保持与公路功能定位和技术指标、沿线环境等相匹配的安全行驶速度。
3 各类设施的设置应符合安全性和经济性等要求。

6.6.3 路面限速标记与限速标志应具有同等效力，设置时应符合下列规定：
1 交通量较大、车道数较多的路段，限速标志宜与路面限速标记配合使用。
2 路面限速标记中的限速值应与限速标志一致。

3 路面限速标记的设置密度和规格应符合现行《道路交通标志和标线 第 3 部分：道路交通标线》（GB 5768.3）的规定。

7 实施效果评价

7.0.1 公路限速标志及相关设施设计实施后，应根据下列规定对限速标志及相关设施的实施效果进行评价，并及时调整优化：

1 新建和改扩建二级及二级以上公路首次设置限速标志两年以内，其他公路三年以内，应进行限速标志实施效果评价。

2 在役公路每五年宜进行一次限速标志实施效果评价。当行车环境发生变化时，或因其他原因调整了限速标志时，应在一年内进行限速标志实施效果评价。

条文说明

对于新建和改扩建公路项目，在公路建成通车后，实际情况与原有预期可能并不相符，需要对限速标志设计实施效果进行评价，以确定是否需要进行调整、优化。考虑到评价所需要数据的有效性以及具体项目的实际需求，将二级及二级以上公路限速标志评价时间规定为通车两年以内，其他公路限速标志评价时间规定为三年以内。

对于在役公路，行车环境也可能发生改变，如有关法律、法规发生改变；公路几何条件发生改变；公路功能及车辆组成发生较大改变；公路路侧干扰（如土地开发等）发生较大改变等，这种情况下，要在一年内进行限速标志评价。

7.0.2 限速标志实施效果评价应在采集运行速度、交通量与交通组成、交通事故和社会公众意见等相关资料和数据的基础上，结合项目特点，选取定量与定性分析相结合的方法，对运行速度、交通安全、限速标志及相关设施设计、社会经济效益等内容进行评价。

条文说明

公路限速标志对公路运行效率和交通安全水平有一定的影响，因此限速标志实施效果评价的内容主要包括公路运行状况、公路交通安全状况、限速标志及相关设施使用效果、社会效益和经济效益等几个方面，具体评价内容包括：

（1）运行速度：对比评价限速标志实施前后运行速度的一致性和协调性、运行速度离散性和限速遵守率等。

（2）交通安全：评价限速标志实施后交通安全改进效果，可采用因速度导致的交通事故分布、交通事故数量、事故严重程度等数据前后对比方法。

（3）限速标志及相关设施使用效果：根据实测运行速度评价限速标志及相关设施的设置位置、限速标志版面是否满足需求，核查限速标志的视认性以及相关设施的系统性、有效性。

（4）社会经济效益：通过社会公众意见评价、成本效益测算等方法，对限速标志实施的社会、经济效益进行分析综合评价。

7.0.3 限速标志实施效果评价后应根据评价结论及发现的问题，及时调整、优化限速标志。

附录 A 风险因素论证法风险系数取值

A.0.1 公路风险系数可按表 A.0.1 取值。

表 A.0.1 公路风险系数取值表

公路指标	公路属性	风险系数
不同车型运行速度差或限速差值	<20km/h	1
	≥20km/h	1.2
村镇或连接村镇	否	1
	是	1.32
隧道	否	1
	是	1.2
中间带类型（计算由车辆失控引起的正面相撞风险指标"严重性"用）	波形梁护栏	0
	混凝土护栏	0
	缆索护栏	0
	设置中央分隔带，且中间带宽度≥20.0m	2
	设置中央分隔带，且中间带宽度为10.0（含）~20.0m	10
	设置中央分隔带，且中间带宽度为5.0（含）~10.0m	35
	设置中央分隔带，且中间带宽度为1.0（含）~5.0m	80
	设置中央分隔带，且中间带宽度<1.0m	90
	分道体	90
	中央渠化线（≥1.0m）	83
	中央渠化线0.3（含）~1.0m	95
	对向车行道分界线	100
	单行线	0
中间带类型（计算由车辆超车引起的正面相撞风险指标"严重性"用）	波形梁护栏	0
	混凝土护栏	0
	缆索护栏	0
	设置中央分隔带，且中间带宽度≥20.0m	0
	设置中央分隔带，且中间带宽度为10.0（含）~20.0m	0
	设置中央分隔带，且中间带宽度为5.0（含）~10.0m	0
	设置中央分隔带，且中间带宽度为1.0（含）~5.0m	0

续表 A.0.1

公 路 指 标	公 路 属 性	风 险 系 数
中间带类型（计算由车辆超车引起的正面相撞风险指标"严重性"用）	设置中央分隔带，且中间带宽度<1.0m	0
	分道体	0
	中央渠化线（≥1.0m）	82.5
	中央渠化线0.3（含）~1.0m	100
	对向车行道分界线	100
	单行线	0
中间带类型（计算接入口风险指标"可能性"用）	波形梁护栏	0.7
	混凝土护栏	0.7
	缆索护栏	0.7
	设置中央分隔带，且中间带宽度≥20m	0.7
	设置中央分隔带，且中间带宽度为10.0（含）~20.0m	0.7
	设置中央分隔带，且中间带宽度为5.0（含）~10.0m	0.7
	设置中央分隔带，且中间带宽度为1.0（含）~5.0m	0.7
	设置中央分隔带，且中间带宽度<1.0m	0.7
	分道体	1
	中央渠化线（≥1.0m）	1
	中央渠化线0.3（含）~1m	1
	对向车行道分界线	1
	单行线	0.7
中心振动标线	有	1
	无	1.2
路肩振动标线或振动带	无	1.25
	有	1
左侧路侧障碍物距车道边缘线距离	0（含）~1m	1
	1（含）~5m	0.8
	5（含）~10m	0.35
	≥10m	0.1
左侧障碍物	波形梁护栏	12
	混凝土护栏	15
	缆索护栏	9
	垂直的山体	55
	深边沟	55
	上边坡≥75°	40
	上边坡15°（含）~75°	45
	下边坡>15°	45

续表 A.0.1

公 路 指 标	公 路 属 性	风 险 系 数
左侧障碍物	临水临崖	90
	直径大于10cm的树	60
	直径大于10cm的标志或其他设施杆	60
	坚硬的结构物、桥梁或建筑物	60
	易碎的结构物或建筑物	30
	无有效防护的护栏端头	60
	岩石（高≥20cm）	60
	示警桩	80
	无危险物	10
右侧路侧障碍物距车道边缘线距离	0（含）~1m	1
	1（含）~5m	0.8
	5（含）~10m	0.35
	≥10m	0.1
右侧障碍物	波形梁护栏	12
	混凝土护栏	15
	缆索护栏	9
	垂直的山体	55
	深边沟	55
	上边坡15°（含）~75°	45
	上边坡≥75°	40
	下边坡>15°	45
	临水临崖	90
	直径大于10cm的树	60
	直径大于10cm的标志或其他设施杆	60
	坚硬的结构物、桥梁或建筑物	60
	易碎的结构物或建筑物	30
	无有效防护的护栏端头	60
	岩石（高≥20cm）	60
	示警桩	80
	无危险物	10
左侧硬路肩宽度	宽≥2.5m	0.77
	中等1.0（含）~2.5m	0.83
	窄0.0（含）~1.0m	0.95
	无	1

续表 A.0.1

公 路 指 标	公 路 属 性	风 险 系 数
右侧硬路肩宽度	宽≥2.5m	0.77
	中等1.0（含）～2.5m	0.83
	窄0.0（含）～1.0m	0.95
	无	1
交叉口安全性	标志和标线设置合理、充分，视距充分	1
	有明显设施、视距缺陷	1.2
	无交叉口	0
交叉口类型（计算交叉口风险指标"可能性"用）	合流匝道	6
	环岛	15
	3岔交叉口：无信号灯、有转弯车道	13
	3岔交叉口：无信号灯、无转弯车道	16
	3岔交叉口：有信号灯、有转弯车道	9
	3岔交叉口：有信号灯、无转弯车道	12
	4岔交叉口：无信号灯、有转弯车道	16
	4岔交叉口：无信号灯、无转弯车道	23
	4岔交叉口：有信号灯、有转弯车道	10
	4岔交叉口：有信号灯、无转弯车道	15
	无交叉口	0
	公路铁路交叉口：被动式，仅有标志	1
	公路铁路交叉口：主动式，闪烁警示灯和闸门	0.5
	中央分隔带开口：非正式	0.5
	中央分隔带开口：正式	0.3
交叉口类型（计算交叉口风险指标"严重性"用）	合流匝道	15
	合理设置环岛	15
	3岔交叉口：无信号灯、有转弯车道	45
	3岔交叉口：无信号灯、无转弯车道	45
	3岔交叉口：有信号灯、有转弯车道	45
	3岔交叉口：有信号灯、无转弯车道	45
	4岔交叉口：无信号灯、有转弯车道	50
	4岔交叉口：无信号灯、无转弯车道	50
	4岔交叉口：有信号灯、有转弯车道	50
	4岔交叉口：有信号灯、无转弯车道	50
	无交叉口	0
	公路铁路交叉口：被动式，仅有标志	150
	公路铁路交叉口：主动式，闪烁警示灯和闸门	150

续表 A.0.1

公 路 指 标	公 路 属 性	风 险 系 数
交叉口类型（计算交叉口风险指标"严重性"用）	中央分隔带开口：非正式	45
	中央分隔带开口：正式	45
交叉口渠化	无	1.2
	有	1
	无交叉口	0
交叉口交叉角度	90°	1
	60°（含）~90°	1.2
	30°（含）~60°	1.5
	0°~30°	2
	无交叉口	0
接入口（计算接入口风险指标"可能性"用）	商业性接入口≥1个	2
	居住性接入口≥3个	1.3
	居住性接入口1个或2个	1.1
	无接入口	0
接入口（计算接入口风险指标"严重性"用）	商业性接入口≥1个	50
	居住性接入口≥3个	50
	居住性接入口1个或2个	50
	无接入口	0
单向车道数	1车道	1
	2车道	0.02
	3车道	0.01
	4车道及以上	0.01
车道宽度	宽≥3.50m	1
	中等3.25（含）~3.50m	1.2（非穿村路段） 1.05（穿村路段）
	窄0.00~3.25m	1.5（非穿村路段） 1.1（穿村路段）
平曲线半径	≥1 500m	1
	700（含）~1 500m	1.2
	400（含）~700m	1.8
	200（含）~400m	3.5
	100（含）~200m	6
	0~100m	9
弯道安全性	弯道标志和标线等指示和诱导设施充分	1
	弯道无警告标志，或标线缺失、破损，或应设未设线形诱导标等设施	1.25
	未应用（非弯道段）	1

续表 A.0.1

公 路 指 标	公 路 属 性	风 险 系 数
坡度	≥10%	1.7
	7%（含）~10%	1.2
	4%（含）~7%	1.1
	2.5%（含）~4%	1.05
	0%~2.5%	1
路面状况	好	1
	局部破坏，偶尔影响行车	1.2
	破坏严重，连续性影响行车	1.4
抗滑性	硬化路面，抗滑性好	1
	硬化路面，抗滑性中，光滑/反光路面少于20%	1.4
	硬化路面，抗滑性差，超过20%路段光滑/反光	2
	未硬化路面，抗滑性好，不会出现雨天路面泥泞等降低抗滑性情况	3
	未硬化路面，抗滑性差，如雨天光滑的泥路	5.5
诱导标志标线	标志和标线设置合理、充分	1
	只有标线或只有标志	1.1
	无或破损严重	1.2
照明	无	1
	有	0.73
减速标线、减速丘等速度管理措施	无	1.25
	有	1
辅路	无	1.5
	有	1
视距	好	1
	差，通常小于100m	1.42

A.0.2 用于风险分析的速度风险系数可按表 A.0.2 取值。

表 A.0.2 速度风险系数取值表

计算"驶出路外风险"用		
速度（km/h）	路侧险要路段	其他路段
≤30	0.200	0.008
35	0.233	0.013
40	0.267	0.019
45	0.300	0.027
50	0.333	0.037

续表 A.0.2

计算"驶出路外风险"用		
速度（km/h）	路侧险要路段	其他路段
55	0.367	0.049
60	0.400	0.064
65	0.433	0.081
70	0.467	0.102
75	0.500	0.125
80	0.533	0.152
85	0.567	0.182
90	0.600	0.216
95	0.633	0.254
100	0.667	0.296
105	0.700	0.343
110	0.733	0.394
115	0.767	0.451
120	0.800	0.512
计算"由车辆失控引起的正面相撞风险"用		
速度（km/h）	设中央分隔带的穿村路段	其他路段
≤30	0.000	0.008
35	0.000	0.013
40	0.000	0.019
45	0.000	0.027
50	0.012	0.037
55	0.016	0.049
60	0.021	0.064
65	0.027	0.081
70	0.068	0.102
75	0.083	0.125
80	0.101	0.152
85	0.121	0.182
90	0.216	0.216
95	0.254	0.254
100	0.296	0.296
105	0.343	0.343
110	0.394	0.394
115	0.451	0.451
120	0.512	0.512

续表 A.0.2

计算"由车辆超车引起的正面相撞风险"和"接入口风险"用	
速度（km/h）	全路段
≤30	0.008
35	0.013
40	0.019
45	0.027
50	0.037
55	0.049
60	0.064
65	0.081
70	0.102
75	0.125
80	0.152
85	0.182
90	0.216
95	0.254
100	0.296
105	0.343
110	0.394
115	0.451
120	0.512

计算"交叉口风险"用		
速度（km/h）	公路与铁路平面相交路段	其他路段
≤30	0.200	0.008
35	0.233	0.013
40	0.267	0.019
45	0.300	0.027
50	0.333	0.037
55	0.367	0.049
60	0.400	0.064
65	0.433	0.081
70	0.467	0.102
75	0.500	0.125
80	0.533	0.152
85	0.567	0.182
90	0.600	0.216
95	0.633	0.254

续表 A.0.2

计算"交叉口风险"用		
速度（km/h）	公路与铁路平面相交路段	其他路段
100	0.667	0.296
105	0.700	0.343
110	0.733	0.394
115	0.767	0.451
120	0.800	0.512

A.0.3 交通量应取 AADT 自然车辆数，风险系数可按表 A.0.3 取值。

表 A.0.3 交通量风险系数取值表

计算"驶出路外风险"用				
每条车道 AADT（辆/d）	无中央分隔带 1 车道	无中央分隔带 2 车道	无中央分隔带 3 车道	无中央分隔带 4 车道及以上
0（含）~ 2 000	0.474	0.451	0.431	0.413
2 000（含）~ 4 000	0.448	0.408	0.377	0.355
4 000（含）~ 6 000	0.422	0.370	0.336	0.313
6 000（含）~ 8 000	0.397	0.339	0.306	0.284
8 000（含）~ 10 000	0.372	0.312	0.285	0.262
10 000（含）~ 12 000	0.347	0.290	0.270	0.250
12 000（含）~ 14 000	0.322	0.273	0.260	0.250
14 000（含）~ 16 000	0.298	0.261	0.255	0.250
16 000（含）~ 18 000	0.274	0.253	0.252	0.250
≥18 000	0.250	0.250	0.250	0.250
每条车道 AADT（辆/d）	有中央分隔带			
≥0	0.500			
计算"由车辆失控引起的正面相撞风险"用				
每条车道 AADT（辆/d）	1 车道	2 车道	3 车道	4 车道及以上
0（含）~ 2 000	0.052	0.099	0.139	0.173
2 000（含）~ 4 000	0.104	0.185	0.246	0.291
4 000（含）~ 6 000	0.155	0.259	0.327	0.373
6 000（含）~ 8 000	0.206	0.323	0.388	0.433
8 000（含）~ 10 000	0.256	0.376	0.431	0.475
10 000（含）~ 12 000	0.306	0.419	0.461	0.500
12 000（含）~ 14 000	0.355	0.453	0.480	0.500

续表 A.0.3

计算"由车辆失控引起的正面相撞风险"用				
每条车道 AADT（辆/d）	1 车道	2 车道	3 车道	4 车道及以上
14 000（含）~16 000	0.404	0.478	0.491	0.500
16 000（含）~18 000	0.452	0.493	0.497	0.500
≥18 000	0.500	0.500	0.500	0.500
计算"由车辆超车引起的正面相撞风险"用				
每条车道 AADT（辆/d）	无中央分隔带 1 车道	无中央分隔带 2 车道	无中央分隔带 3 车道	无中央分隔带 4 车道及以上
0（含）~2 000	0.010	0.010	0.010	0.010
2 000（含）~4 000	0.020	0.020	0.020	0.020
4 000（含）~6 000	0.030	0.030	0.030	0.030
6 000（含）~8 000	0.042	0.042	0.042	0.042
8 000（含）~10 000	0.060	0.060	0.060	0.060
10 000（含）~12 000	0.086	0.086	0.086	0.086
12 000（含）~14 000	0.116	0.116	0.116	0.116
14 000（含）~16 000	0.148	0.148	0.148	0.148
16 000（含）~18 000	0.180	0.180	0.180	0.180
≥18 000	0.200	0.200	0.200	0.200

每条车道 AADT（辆/d）	有中央分隔带
≥0	0.000

计算"交叉口风险"用	
交叉口被交路 AADT（辆/d）	全路段
0	0.000
1（含）~100	0.005
100（含）~1 000	0.063
1 000（含）~5 000	0.125
5 000（含）~10 000	0.250
10 000（含）~15 000	0.500
≥15 000	1.000

续表 A.0.3

计算"接入口风险"用		
接入口 AADT（辆/d）	接入口个数	全路段
无要求	0	0.000
	居住性接入口 1 或 2	0.010
	居住性接入口≥3	0.020
	商业性接入口≥1	0.030

附录 B 限速标志版面示例

B.1 按空间方式限速标志版面示例

B.1.1 单一限速标志版面示例如图 B.1.1 所示,其中限速值应根据具体公路项目的交通工程论证结果确定。

图 B.1.1 单一限速标志版面示例

B.1.2 分车型限速标志版面示例如图 B.1.2 所示,其中限速值应根据具体公路项目的交通工程论证结果确定。

图 B.1.2 分车型限速标志版面示例

B.1.3 分车道限速标志版面示例如图 B.1.3 所示，其中限速值应根据具体公路项目的交通工程论证结果确定。

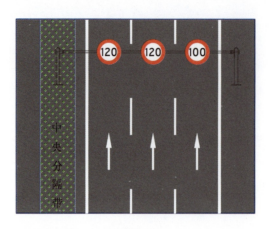

图 B.1.3　分车道限速标志版面示例

B.2　按时间方式限速标志版面示例

B.2.1　分时段限速标志版面示例如图 B.2.1 所示，其中限速值应根据具体公路项目的交通工程论证结果确定。

图 B.2.1　分时段限速标志版面示例

B.2.2　特殊天气限速标志版面示例如图 B.2.2 所示，其中限速值应根据具体公路项目的交通工程论证结果确定。

图 B.2.2 特殊天气限速标志版面示例

B.3 按组合方式限速

B.3.1 双向六车道高速公路和作为干线的一级公路，分车道与分车型组合限速标志版面示例如图 B.3.1 所示，其中车道划分和限速值应根据具体公路项目的交通工程论证结果确定。

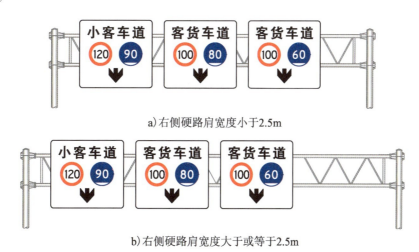

a) 右侧硬路肩宽度小于 2.5m

b) 右侧硬路肩宽度大于或等于 2.5m

图 B.3.1 双向六车道高速公路和作为干线的一级公路分车道与分车型组合限速标志版面示例

B.3.2 双向八车道高速公路和作为干线的一级公路，分车道与分车型组合限速标志版面示例如图 B.3.2 所示，其中车道划分和限速值应根据具体公路项目的交通工程论证结果确定。

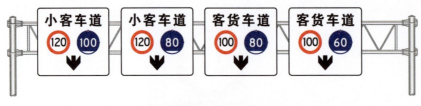

a) 右侧硬路肩宽度小于2.5m

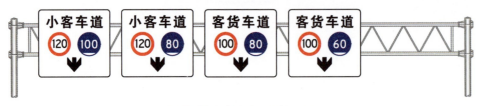

b) 右侧硬路肩宽度大于或等于2.5m

图 B.3.2 双向八车道高速公路和作为干线的一级公路分车道与分车型组合限速标志版面示例

附录 C 平面交叉限速标志设置示例

C.0.1 作为集散的一级公路与作为干线的二级公路相交构成的平面交叉，宜在一级公路入口后 100～200m 的适当位置，或公路编号标志和地点距离标志之间的适当位置设置限速标志，如图 C.0.1 所示。

图 C.0.1 作为集散的一级公路与作为干线的二级公路平面交叉限速标志设置示例

C.0.2 作为集散的一级公路与作为集散的二级公路或三级公路相交构成的平面交叉，可在一级公路入口后 100～200m 的适当位置，或公路编号标志和地点距离标志之间的适当位置设置限速标志，如图 C.0.2 所示。

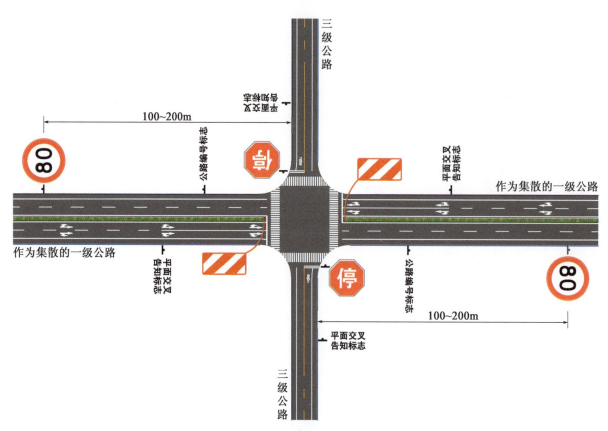

图 C.0.2 作为集散的一级公路与三级公路平面交叉限速标志设置示例

C.0.3 作为干线的二级公路与作为集散的二级公路相交构成的平面交叉，宜在作为干线的二级公路入口后适当位置设置限速标志，如图 C.0.3 所示。

图 C.0.3 作为干线的二级公路与作为集散的二级公路平面交叉限速标志设置示例

本规范用词用语说明

1　本规范执行严格程度的用词，采用下列写法：

1）表示很严格，非这样做不可的用词，正面词采用"必须"，反面词采用"严禁"；

2）表示严格，在正常情况下均应这样做的用词，正面词采用"应"，反面词采用"不应"或"不得"；

3）表示允许稍有选择，在条件许可时首先应这样做的用词，正面词采用"宜"，反面词采用"不宜"；

4）表示有选择，在一定条件下可以这样做的用词，采用"可"。

2　引用标准的用语采用下列写法：

1）在标准总则中表述与相关标准的关系时，采用"除应符合本规范的规定外，尚应符合国家和行业现行有关标准的规定"。

2）在标准条文及其他规定中，当引用的标准为国家标准和行业标准时，表述为"应符合《××××××》（×××）的有关规定"。

3）当引用本标准中的其他规定时，表述为"应符合本规范第×章的有关规定"、"应符合本规范第×.×节的有关规定"、"应符合本规范第×.×.×条的有关规定"或"应按本规范第×.×.×条的有关规定执行"。